Textes des jeux : Cécile Jugla
Mise en pages : Valérie Boyat et Nicolas Folliot

Loi n° 49-956 du 16 juillet 1949 sur les publications destinées à la jeunesse,
modifiée par la loi n° 2011-525 du 17 mai 2011.
© Nathan, France, 2006, pour la première édition.
© 2017 Éditions NATHAN, SEJER, 25 avenue Pierre-de-Coubertin, 75013 Paris
pour la présente édition.
Dépôt légal : avril 2017
ISBN : 978-2-09-257261-0

N° éditeur : 10253991
Imprimé en février 2019 par Graficas Estella
(Estella, Navarre, Espagne)

Dans la peau de Christophe Colomb

L'EXPLORATEUR INTRÉPIDE

Textes de **Madeleine Deny**
Illustrations de **Grégory Blot**

Toi, le héros

Tu es Christophe Colomb, navigateur intrépide et plein d'audace. Nommé amiral à la tête de la *Santa Maria*, tu vas bientôt te lancer dans une périlleuse traversée de l'océan Atlantique. Et si ton voyage changeait la face du monde ?

Braver des tempêtes, découvrir des terres inexplorées, rencontrer des peuples inconnus… Il te faudra beaucoup d'énergie et d'obstination pour relever tous ces défis et devenir le plus grand explorateur de tous les temps !

Au cours de ce roman, plusieurs choix vont s'offrir à toi ! À chaque fois, pèse bien le pour et le contre.

 En mer, prends garde aux tempêtes et aux récifs cachés.

 Surveille le moral de ton équipage : il pourrait se rebeller.

 Méfie-toi de Martin Pinzon, le commandant de la *Pinta*, avide d'or et d'honneurs.

Tu ne seras pas seul dans l'aventure ! N'hésite pas à t'appuyer sur les compétences :

 du timonier, pour garder le cap.

 du maître d'équipage, toujours en alerte.

 du mousse, serviable et positif.

Ton histoire
dans la grande Histoire

Depuis le XIIIe siècle, les commerçants européens rapportent des Indes (l'Extrême-Orient actuel) des épices (cannelle, poivre, safran…), de la soie et de l'or. Tu as lu *Le Livre des merveilles* du voyageur vénitien Marco Polo et tu rêves aux trésors de Cipangu (le Japon actuel) et du Cathay (la Chine) qu'il décrit…

Au XVe siècle, cette « route de la soie », qui se fait par voie terrestre, est longue et dangereuse… Toi, le marin expérimenté, tu as une idée : traverser la mer Océane (l'Atlantique) dans l'espoir d'atteindre plus rapidement les Indes ! Mais ton projet paraît insensé : nul n'a jamais franchi cet océan ! En 1492, pourtant, le roi et la reine d'Espagne t'accordent leur confiance…

Tes exploits te feront gagner des points (pour t'aider à les compter, coche une seule fois les cases correspondantes en 47). Améliore ton score grâce aux quiz, discerne le vrai du faux en jouant en 44 … et découvre en 48 quel explorateur tu es devenu après toutes ces incroyables aventures !

Et maintenant, à toi de jouer !

1 Il t'en a fallu, de la volonté et des efforts, pour mener à bien ton projet. Tu as passé plus de huit années à supplier le roi du Portugal, puis le roi et la reine d'Espagne de financer ton extraordinaire idée : traverser l'océan Atlantique pour atteindre les Indes par l'ouest.

À l'aube de ce 3 août 1492, te voilà enfin prêt à partir. Face à la mer, près de Palos, un port au sud de l'Espagne, tu vérifies le chargement de tes trois navires. Désormais, plus rien ne pourra t'empêcher d'atteindre ton but…

Va vite en **2** *pour entamer ton incroyable périple !*

2 Tu embarques sur la *Santa Maria*, le navire amiral placé sous ton commandement.
Les cheveux fouettés par le vent, le visage tourné vers l'horizon, tu cries tes premiers ordres :
– Levez l'ancre !
Aussitôt, ton bateau appareille et quitte le port. Il est bientôt suivi par la *Niña* et la *Pinta*, les caravelles commandées l'une par Vincente Pinzon et l'autre par son frère Martin, tous deux **armateurs** de Palos. Ton aventure commence pour de bon !
Suivant tes consignes, le timonier dirige la *Santa Maria*. Dans ta cabine, tu établis le premier tracé du voyage sur une carte.
– À nous les palais aux toits d'or, les richesses de Cipangu et du Cathay…
Tu cesses vite de rêver ; ton maître d'équipage t'appelle : la *Pinta* semble avoir un problème de navigation.

Si tu décides d'aller voir ce qui se passe, va en **26**.
Si tu préfères envoyer un marin aux nouvelles, va en **33**.

réponse en **45**

2. L'armateur, c'est une personne :
A. passionnée et très aimante.
B. qui aime et collectionne les armes en tous genres.
C. qui équipe des bateaux pour le transport ou la pêche.

3

À peine as-tu quitté la **rade** que l'homme de vigie te fait signe. La *Pinta* de Martin Pinzon est de retour !
— Vous voilà donc chargés de tout l'or de Babèque ! cries-tu au capitaine, qui s'approche bord à bord de la *Niña*.
— Hélas non, amiral ! Nous rentrons bredouilles…
— Les juges régleront cette affaire en Espagne, lui réponds-tu sèchement.
Le lendemain, vous faites votre dernière escale au sud de Cuba. Alors que vous explorez en canot un fleuve à l'extrémité de l'île, vous découvrez que le sable de ses rives est couvert de grains d'or aussi gros que des lentilles !
— Mon obstination a fini par payer ! t'exclames-tu, aux anges.

Si tu décides de voguer vers l'Espagne en rapportant un peu d'or, va en 39.

Si tu préfères rester ici et envoyer la Pinta prévenir tes hommes restés sur l'île d'Hispaniola, va en 7.

réponse en 45

3. Une **rade**, c'est :
A. un grand plan d'eau marin où les bateaux peuvent mouiller.
B. une taverne très accueillante.
C. une écluse qui permet le passage entre un fleuve et un océan.

4

Tu te plonges une fois de plus dans la lecture de tes cartes en grommelant :
— Mon pauvre Colomb, te voilà bien ennuyé. Tu as parcouru plus de 800 lieues depuis l'Espagne. Si tu as dépassé Cipangu, ce n'est pas de sitôt que tu pourras toucher terre et remplir tes cales de poudre d'or…

Soudain le mousse entre pour t'apporter ton repas. Il arbore une mine réjouie.
— Amiral, regardez ce qui vient de tomber dans mes filets : un morceau de roseau et une planche. L'équipage de la *Niña* a même vu une branche chargée de fruits tout près de sa coque : cette fois-ci, c'est sûr, la terre est proche ! Il ne faut pas virer de bord…

Si tu te laisses convaincre par ces signes, va en 41.
Si tu préfères ne pas écouter ton mousse et suivre des oiseaux migrateurs, va en 17.

5

Pendant que la *Pinta* dérive en espérant atteindre la Grande Canarie sans trop de dommage, tu poursuis ta route avec Vincente Pinzon jusqu'à une autre île de l'archipel : La Gomera, à quelques lieues de là. Que de déceptions ! Le bateau qui aurait dû remplacer la *Pinta* n'est qu'une épave, les vivres que tu as commandés mettent un temps fou à arriver, tes marins traînent dans les tavernes… Plus d'un mois s'écoule ! Tu commences à perdre patience, lorsque l'on vient te prévenir que les vivres sont prêts à être chargés et que la *Pinta* est entrée au port. Martin Pinzon a solidement réparé son gouvernail, et il t'a rejoint !

— Nous n'attendions plus que vous, capitaine ! lui lances-tu avec malice. Nous **appareillerons** dès que les vivres seront à bord.

Si tu décides de profiter du vent d'est pour voguer en toute sécurité, va en 8 .

Si tu préfères attendre un vent d'ouest pour filer à vive allure, va en 9 .

5. Quand un navire **appareille**, cela signifie qu'il :
A. prépare ses canons à tirer.
B. lève l'ancre.
C. fait ses adieux à coups de corne de brume.

réponse en 45

6

Campé sur tes deux pieds, la tête haute, tu déclames d'une voix tonnante :
— En ma qualité d'amiral de la mer Océane, je suis le seul maître à bord. Le premier qui ose s'opposer à moi fera la traversée à fond de cale ! Jamais **mutinerie** n'aura lieu sur un navire commandé par Christophe Colomb, vice-roi des nouvelles terres d'Espagne.
Hélas, ton discours ne convainc personne ! Pire : il déchaîne la fureur des marins qui se précipitent sur toi et te jettent à l'eau, avant de virer de bord pour rejoindre l'Europe !

Tu as beau être amiral, ton autorité ne fait pas l'unanimité ! Apprends à te montrer plus diplomate avec ton équipage et rejoue sans tarder !

Quiz !

réponse en 45

6. Une **mutinerie**, c'est :
  A. une grande fête.
  B. un vote démocratique pour élire un nouveau chef.
  C. une révolte qui remet en cause l'autorité d'un chef.

7 Des Indiens viennent à votre rencontre et vous font signe de les suivre.
— Il y a tant et tant d'endroits merveilleux sur cette terre ! t'écries-tu en les saluant.
Puis, te tournant vers Vincente Pinzon, qui s'obstine à faire remplir tous les tonneaux disponibles de sable chargé d'or, tu lui dis :
— Profitons de cette petite pause pour visiter le village de ce peuple.

Suis les Indiens jusqu'en **31**. *Un festin t'attend !*

C'est bon à savoir !

Peu d'or a été trouvé dans ces îles. Mais Colomb et ses hommes ont rapporté de leur périple des fruits et légumes alors inconnus : le maïs, le haricot, le manioc et l'**ananas**, qui devint le dessert préféré des rois européens.

8

Cela fait deux jours que tu as quitté les Canaries. Une brise très légère venant de l'est pousse lentement les navires vers l'ouest. La mer est calme…

– Aujourd'hui, 10 septembre, nous avons fait plus de 20 lieues, indiques-tu aux équipages. L'allure n'est pas rapide, mais le cap est bon.

Un murmure de mécontentement retentit parmi les marins.
– Amiral, ose dire l'un d'eux, la traversée nous a paru bien plus longue et il n'y a toujours aucune terre en vue !
– Qu'est-ce que vous insinuez ? Que je suis un piètre navigateur doublé d'un menteur ? railles-tu avant de regagner ta cabine.

Mais, au fond, tu sais que cet homme a raison : afin que les marins ne s'affolent pas trop, tu minores la distance qui vous reste à parcourir.

Quelques jours après cet incident, un cri retentit du côté de la *Niña*.

– À bâbord, un oiseau ! hurle l'homme de vigie. La terre doit être proche !

> *Si tu décides de ne pas contredire le marin, va en* 28.
> *Si tu préfères affirmer à nouveau ton autorité, va en* 34.

9 Soudain, un vent d'ouest se met à souffler et un éclair déchire le ciel. Le temps se couvre, les eaux se soulèvent… Pendant six jours, vous essuyez une série de terribles orages. Heureusement, tu es un navigateur expérimenté : les ordres que tu donnes au maître d'équipage vous font éviter le naufrage. À l'aube du septième jour, les nuages se dissipent. Mais la mer est toujours grosse et le vent vous pousse vers l'est. En fin d'après-midi, alors qu'un épais brouillard se lève de nouveau, un marin pousse un cri. Tu as du mal à comprendre ce qu'il dit…

Vogue jusqu'en **43** *pour découvrir le sens de ses paroles !*

C'est bon à savoir !

À l'époque de Colomb, pour naviguer, un bon pilote connaît les vents et les courants, et se repère grâce à la hauteur du soleil et la position des étoiles.
Il dispose aussi de **rares outils** comme le quadrant ou la boussole, qui indique le nord.

10

— Par bâbord avant, hurles-tu, navire droit sur nous ! Du cœur, les gars ! Virez, virez !

Mais il est trop tard. Malgré les efforts répétés de l'équipage, la *Santa Maria*, poussée par le vent, cogne le flanc de la *Niña*. Les deux bateaux s'entrechoquent avec violence. La tempête soulève la mer en vagues de plus en plus hautes.

— Tous à **tribord**, abattez la grand-voile !

Tu essayes de sauver ton navire… en vain ! Une brèche dans la coque fait entrer l'eau à flots. Il est trop tard pour échapper à la noyade. Tu disparais dans une mer noire comme de l'encre, au milieu des cris d'épouvante de tes hommes.

Quelle fin tragique ! Tu as pourtant tout fait pour éviter ce naufrage ! Allez, ne t'en veux pas. Répare ton navire et vogue vers une nouvelle aventure ! Ta chance peut tourner…

réponse en 45

10. Tribord, c'est :
A. le côté gauche d'un bateau quand on regarde devant.
B. le côté droit d'un bateau quand on regarde devant.
C. l'avant d'un bateau.

11

Vous reprenez le large vers l'est.

Un jour, alors que tu essayes d'apprendre quelques mots d'espagnol aux Indiens, tu remarques que tes hommes d'équipage scrutent la mer, l'air contrarié.
– Damnation ! t'écries-tu en découvrant pourquoi. La *Pinta* file comme si elle nous fuyait !
À la longue-vue, tu suis la **caravelle** qui n'est plus qu'un point à l'horizon.
– Je comprends pourquoi Martin Pinzon voulait que ce jeune Indien monte à son bord. Il a dû réussir à lui faire dire où se trouvent les mines d'or sur l'île de Babèque ! Vous paierez cher votre trahison, monsieur !
Ta fureur redouble lorsque le maître d'équipage t'annonce que les vents viennent de tomber…

Mets en panne pendant quelques jours en attendant que les vents se remettent à souffler en 22.

réponse en 45

11. Une **caravelle**, c'est :
   A. un immense et lourd voilier à cinq mâts.
   B. un voilier transformable en canot gonflable.
   C. un petit voilier rapide.

12 Les premiers jours qui suivent votre départ d'Hispaniola, tu essayes d'organiser la vie à bord de la *Niña*. Tu as décidé de **louvoyer** sur le chemin du retour, afin d'explorer encore quelques îles. Mais Vincente Pinzon souhaite rentrer rapidement en Europe. Il monte ses hommes contre toi. Heureusement, tu comprends son stratagème… Tu décides de réunir tout l'équipage sur le pont.

Va en 6 nous faire un beau discours !

12. Louvoyer, c'est :
A. naviguer en zigzag, au plus près du vent.
B. naviguer comme un vieux loup de mer.
C. naviguer en sautant par-dessus les vagues.

réponse en 45

13

Le lendemain matin, des herbes vertes et luxuriantes apparaissent sur les flots. Ce genre de plantes ne pousse que sur les écueils des côtes…
– Il doit y avoir des îles toutes proches, suggère un marin.
– Peut-être, réponds-tu, mais je préfère garder mon cap. Nous ferons escale sur ces îles, si elles existent, à notre retour.
La brise que tu attendais se lève enfin. Les bateaux filent à nouveau avec un bon vent arrière. Cinq jours plus tard, un appel de Martin Pinzon retentit.
– Terre ! crie-t-il en désignant la direction opposée à votre cap. La récompense de dix mille maravédis est pour moi, amiral ! Il tombe à genoux, bientôt imité par son équipage. Têtes baissées, les hommes entonnent un puissant chant religieux.

> Si, peu convaincu, tu persuades Martin et Vincente de continuer la route vers l'ouest avec toi, va en **29**.
> Si tu décides de suivre Martin et la Pinta, va en **40**.

C'est bon à savoir !

Pour connaître la vitesse d'un navire, on laisse filer à l'arrière le **loch**, une corde à nœuds attachée à un flotteur, pendant un temps donné, en comptant le nombre de nœuds. Une caravelle pouvait atteindre 6 à 8 nœuds (1 nœud = 1,8 km/h).

14 Douze jours plus tard, alors que tes bateaux continuent à voguer plein vent arrière, il n'y a toujours aucun rivage à l'horizon. La fatigue se fait sentir. Quand un appel provenant de la *Niña* signale la terre, peu d'hommes réagissent. Avec raison, car il s'agit de nouveau d'une fausse alerte…
— Au moins, ces cris rompent un peu la monotonie du voyage ! t'exclames-tu en regardant le mousse retourner le sablier demi-heure après demi-heure. Sais-tu quel jour nous sommes, petit ?
— Le 7 octobre, amiral. Nous naviguons depuis plus de deux mois.
Et c'est ce soir-là que tu annonces à ton équipage stupéfait ta décision de changer de route…

> *Si, confiant, tu décides de suivre un groupe d'oiseaux migrateurs, va en* **17**.
>
> *Si, plus mesuré, tu retournes dans ta cabine pour vérifier tes calculs, va en* **4**.

C'est bon à savoir !

Sur le bateau, le mousse, un jeune marin, est chargé de petites corvées. C'est lui, par exemple, qui retourne le **sablier**, toutes les demi-heures ou toutes les quatre heures selon sa taille, pour mesurer le temps écoulé.

15 Tes hommes ne s'attendaient pas à ce que tu leur parles de cette façon. Leur mauvaise humeur se transforme en colère.

— Ce vent qui nous pousse vers l'ouest rendra notre retour impossible, affirme l'un d'eux. Colomb, tu es un incapable. Tu ne sais pas où tu vas !

— J'ose espérer que tu ne penses pas ce que tu dis, lui rétorques-tu. Je navigue

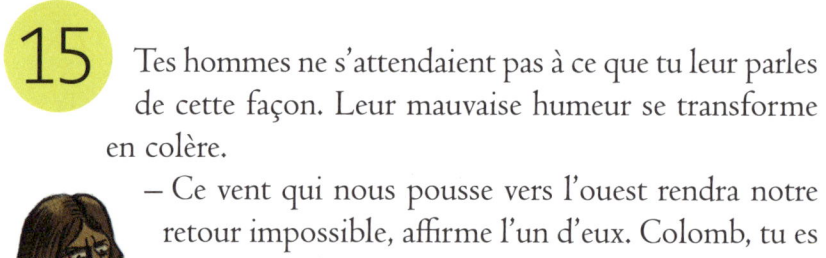

depuis l'âge de quatorze ans et je n'ai de leçon à recevoir de personne. J'ai passé des années à préparer ce voyage, à calculer les surfaces de l'Europe et de l'Asie, à déchiffrer les cartes des plus grands savants et géographes. Il n'y a qu'une seule façon d'atteindre l'Asie par les routes atlantiques : naviguer plein ouest, comme je vous en donne l'ordre !
— Mutinerie ! hurlent ensemble les trois équipages.

Garde ton calme ! Tu vas en avoir besoin en 6 …

16

Hélas, une escarmouche éclate. L'Indien assis à tes côtés vient de se blesser en caressant la lame du poignard que tu lui as prêté. Tu te lèves afin de lui porter secours, mais ton mouvement est mal interprété : les Indiens bienveillants avec lesquels tu discutais il y a quelques instants se dressent face à toi et te menacent de leurs flèches.

— Il s'est blessé tout seul ! t'écries-tu, comprenant soudain l'objet de leur fureur.

Pour prouver ta bonne foi, tu saisis le poignard et t'entailles le creux de la paume. Puis, calmement, tu t'approches du blessé et lui tends la main.

Ce geste d'amitié apaise ses compagnons, qui acceptent de te révéler où se trouvent les gisements d'or.

Quand tu rentres en Espagne quelques mois plus tard, les cales chargées d'or, les souverains ne tarissent pas d'éloges à ton égard. Ils sont ravis de t'avoir accordé leur confiance !

Calme, maîtrise de soi, respect des autres : tu as un véritable talent pour désamorcer les situations explosives ! Empoche 20 points de récompense, coche la case rose en 47 *et rejoue aussitôt !*

17

Avant ton départ, tu as lu de nombreux récits de navigateurs qui ont découvert des terres grâce à des oiseaux migrateurs.

« Je nous sens proches du but, te dis-tu. Ces oiseaux doivent être ceux que Marco Polo appelait "canards du Cathay". »

Au matin du quatrième jour, la pluie se met à tomber dru. Tu descends te réfugier dans ta cabine, où tu t'endors. Tu es brutalement réveillé par le maître d'équipage en début d'après-midi : la *Santa Maria* craque de toutes parts et bondit à la cime des vagues. Dans le ciel qui s'est obscurci, les oiseaux ont disparu…

— Nous avons subi de plein fouet une averse de grêle, t'explique le marin. Depuis, nous bataillons dans un épais brouillard pour garder le cap !

Ça tangue ! Agrippe-toi au bastingage et tends l'oreille. Un homme vous lance un appel en **43**.

C'est bon à savoir !

Le **quadrant** sert à garder le cap, en mesurant la hauteur du soleil ou de l'étoile Polaire au-dessus de l'horizon. Le pilote détermine ainsi la latitude du navire (la distance qui le sépare de l'équateur).

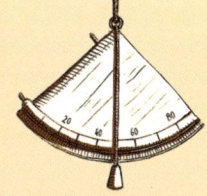

18 Tu observes à la longue-vue les hommes de la *Pinta* s'affairer autour du gouvernail qui vient de nouveau de sortir de ses gonds.
— Martin Pinzon fait tout son possible pour essayer de nous rejoindre aux Canaries, expliques-tu au maître d'équipage.
— Cet homme préférerait périr en mer plutôt que de revenir en Espagne sans avoir amassé dans son navire tout l'or des Indes, rétorque-t-il, railleur.
Vous commencez les manœuvres pour entrer dans le port de La Gomera, l'une des îles des Canaries.
Lorsque Martin Pinzon t'y retrouve quelque temps plus tard, il ne te raconte pas toutes les difficultés qu'il a eues…
— Vous m'avez agréablement surpris, Pinzon, lui dis-tu. Votre gouvernail est remis à neuf !
— J'ai suivi vos ordres, **amiral**, te répond-il fièrement.

Maintenant, vous êtes prêts à voguer vers les Indes ! Filez sans attendre en 8 *!*

réponse en 45

18. L'**amiral**, c'est :
A. un officier de marine ayant fait plus de 1 000 voyages en mer.
B. l'officier de marine qui a le grade le plus élevé.
C. un marin très râleur mais sympathique.

19 La terre n'est plus qu'à quelques **encablures** de vos embarcations. À l'approche de l'aube, ta flotte frôle les côtes d'une île. Vous jetez l'ancre dans l'eau profonde d'une petite baie.

— La voilà, la terre de Marco Polo ! annonces-tu à tout l'équipage réuni sur les ponts. Nous avons atteint la pointe des Indes ! J'imagine au loin les palais du Grand Khan, et plus à l'ouest se trouve sans nul doute l'île de Cipangu. Martin Pinzon, Vincente Pinzon, je vous félicite d'avoir si bien mené vos navires. Partons nous agenouiller sur le sable fin de cette île pour remercier la mer et le Ciel de nous avoir conduits jusqu'ici.

D'une voix tonnante, tu commandes à tes hommes de mettre les canots à l'eau.

Si tu décides de monter sur-le-champ dans un canot, va en 24.

Si tu attends qu'un des marins t'aide à monter dans un canot, va en 35.

réponse en 45

19. Une **encablure**, c'est une ancienne mesure de marine équivalant à :
A. 500 mètres.
B. 200 mètres.
C. 1 kilomètre.

20

— La *Santa Maria* a sombré, mais pas son équipage ! dis-tu à tes compagnons avec fierté. La *Niña*, vous le savez, ne pourra accueillir à son bord que la moitié d'entre vous. Ceux qui ne rentreront pas en Espagne seront chargés de construire sur l'île un fort, que nous appellerons "La Navidad". Ils chercheront l'or sur ces terres qui sont désormais les nôtres ! Que ceux qui souhaitent rester ici fassent un pas en avant.

Ton offre en séduit plus d'un. Quelques jours plus tard, tu quittes l'île d'Hispaniola à bord de la *Niña*, laissant derrière toi la moitié de ton équipage.

— Lorsque nous reviendrons, un fort et une ville espagnols se dresseront là-bas, affirmes-tu à Vincente Pinzon en voyant les côtes s'éloigner.

Si tu décides d'explorer encore quelques îles sur le chemin du retour, va en 12 *.*

Si tu préfères regagner l'Espagne, en faisant seulement une dernière escale au sud de Cuba, va en 3 *.*

C'est bon à savoir !

Dès 1493, les marins espagnols laissés sur l'île d'Hispaniola à la fin du premier voyage de Colomb se comportent en conquérants avides d'or et de pouvoir. Les Indiens vont alors se révolter et brûler le **fort de La Navidad**.

21

— Tenez bon ! cries-tu pour encourager ton équipage. Nous n'allons pas sombrer si près de notre but !
Après deux jours de tempête, la mer se calme. Poussée par une bonne brise, la *Niña* poursuit sa route et, à la suite d'une dernière escale au Portugal, vient enfin s'ancrer au port de Palos le 15 mars. Tu es accueilli en héros. Ton voyage a duré plus de sept mois, et malgré les épreuves, tu n'as perdu aucun de ces rudes marins avec lesquels tu t'es souvent lié d'amitié.
— Martin Pinzon est arrivé avant nous ! t'exclames-tu, inquiet, en voyant la *Pinta* à quai.
Tu es vite rassuré : c'est bien toi qui recevras tous les honneurs. Le 20 avril, tu montes les marches du palais royal à Barcelone, accompagné des six Indiens. Le roi et la reine, éblouis par les merveilles que tu sors de tes coffres, t'anoblissent.

> *Bravo, don Cristobal Colon ! Tu n'as pas atteint les Indes mais tu as découvert le Nouveau Monde. Cela vaut une récompense : empoche 20 points, coche la case rouge en* **47** *et rejoue vite ! Les vents te seront favorables.*

C'est bon à savoir !

Pendant son premier voyage, du 3 août 1492 au 15 mars 1493, Colomb a découvert des **îles jusqu'alors inconnues** des Européens : San Salvador, Cuba et Hispaniola (Haïti)...

22

Après trois jours d'attente, une bourrasque se lève. Mais ce coup de vent d'est détourne encore davantage la *Niña* et la *Santa Maria* de Babèque.
« Un jour noir de plus », écris-tu dans ton journal avec une amère déception.
Les vents finissent par te porter chance… Le matin du 4 décembre, vous approchez des côtes d'une très grande île. Aussitôt après y avoir accosté, tu plantes la bannière royale.
– Je baptise cette belle terre Hispaniola, en l'honneur de nos souverains espagnols !
Dès le lendemain, tes hommes partis en reconnaissance sont de retour avec de l'or et des bijoux que le roi de l'île leur a offerts.
– Le voilà, mon paradis ! t'écries-tu avant de donner l'ordre de faire pénétrer les navires dans une petite crique.

> *Si tu décides de gagner la confiance du roi de l'île pour mettre en place un système de troc, va en* 30.
>
> *Si tu préfères commencer par te présenter aux Indiens qui habitent près de la plage, va en* 31.

23

— Grande île des Canaries en vue ! annonce la vigie.

La *Niña* vogue avec difficulté : ses voiles se révèlent mal adaptées aux vents de l'Atlantique. Quant à la *Pinta*, après la réparation sommaire de son gouvernail, le capitaine a ordonné à l'équipage de tout mettre en œuvre pour la mener à bon port. En regardant la caravelle, tu murmures pour toi-même :

— Afin de motiver ses hommes, Martin Pinzon a dû leur faire miroiter la récompense de dix mille maravédis promise par le roi d'Espagne à celui qui verrait les Indes le premier. Mais rien ne dit que ce bateau sera assez solide pour affronter les vents et les courants du grand large…

Soucieux, tu observes Martin Pinzon et son timonier s'efforcer de diriger la *Pinta* vers les côtes.

> *Si tu veux essayer de trouver aux Canaries un navire pour remplacer la* Pinta *défaillante et en profiter pour commander des vivres, va en* 5 .
>
> *Si tu préfères laisser Pinzon terminer la réparation de son navire pour aller régler quelques détails, va en* 37 .

24

Dès votre arrivée à terre, vous déployez la bannière royale espagnole. Vous êtes reçus comme des princes par quelques hommes et femmes presque nus venus vous accueillir. Ils vous offrent des fruits, de l'eau fraîche…

– Quel pays magnifique ! t'exclames-tu. Nous le nommerons San Salvador en l'honneur du Sauveur !

– Admirez la beauté de ce peuple des Indes ! s'écrie l'un de tes compagnons. Et remarquez ce petit morceau d'or que certains portent à leur nez…

– Ces Indiens n'ont pas l'air belliqueux. Établissons avec eux des relations d'amitié, suggères-tu, afin qu'ils nous indiquent où trouver leur or.

Vous leur faites alors cadeau de petits objets de pacotille, de grelots, de verroterie… Quelques Indiens se risquent même à visiter votre navire. Vous parvenez à les garder à bord comme interprètes.

> *Si tu décides de partir dès le lendemain explorer tout l'archipel, va en* 42 *.*
>
> *Si tu préfères commencer par explorer une petite île voisine, va en* 38 *.*

25

Tu décides de ne plus te séparer du journal de ton expédition : tu le conserves précieusement dans une poche de ton habit jusqu'à la fin du voyage.

Après deux jours de tempête, le vent cesse. La *Niña* peut enfin repartir mais elle est en piteux état : sa voilure est déchirée, elle prend l'eau de tous côtés…

– Tiens bon, ma belle ! l'encourages-tu en t'agrippant au bastingage. Nous rentrons…

Et le 15 mars, après une dernière escale au Portugal, tu arrives enfin au port de Palos. L'émotion te submerge. Des milliers de personnes se pressent sur les quais… Elles acclament leur héros, l'amiral Christophe Colomb, qui revient de l'autre côté du monde !

> *Quelle aventure ! Tu t'en es sorti haut la main, alors que ce n'était pas gagné d'avance… Empoche 20 points ! Puis coche la case violette en* (47), *refais-toi une santé et repars vite explorer… l'Amérique !*

26

Tu marques ta position sur ta carte, puis tu sors sur le pont et rejoins le maître d'équipage.
– Il me semble que la *Pinta* dérive, amiral, t'indique-t-il. Cette annonce te soucie, car la navigation n'est pas facile à cet endroit. Les coups de vent y sont nombreux et les tempêtes violentes. À l'aide de ta longue-vue, tu essayes d'apercevoir la caravelle qui se détache au loin.

> Si tu décides d'envoyer l'homme de vigie observer plus précisément la Pinta, va en **33**.
> Si tu essayes de te rapprocher de la Pinta, va en **9**.

C'est bon à savoir !

Sur un bateau, chacun a son rôle : **l'homme de vigie** surveille la mer depuis la hune du grand mât ; le timonier tient la barre du gouvernail ; les marins s'occupent des voiles et des manœuvres…

27

Le 28 octobre, tu atteins enfin une nouvelle terre.

— Nous voilà à Cipangu ! annonces-tu à ton équipage. Gagnons le centre de l'île, où doivent se trouver les villes marchandes…

Les navires s'engagent alors sur un fleuve superbe, bordé de palmiers. Quelques-uns de tes hommes, partis en reconnaissance en canot, reviennent bientôt les bras chargés de poivre et de cannelle.

— Amiral, dit l'un d'eux, nous ne sommes pas à Cipangu. Ce pays se nomme Cuba. Nous y avons trouvé quantité d'épices, mais pas la moindre trace d'or !

Tu décides de repartir. Après plusieurs jours de navigation, un marin demande à te parler.

— "Babèque, Babèque", voilà ce que nos Indiens ne cessent de répéter en nous indiquant l'est, t'explique-t-il. Ils m'ont fait comprendre qu'on y fabrique des lingots d'or…

    Si tu décides de gagner Babèque, va en 11.

    Si tu essayes d'obtenir plus de précisions des Indiens, va en 16.

28

« Il ne nous reste plus qu'à attendre que le vent soit un peu plus fort, te dis-tu. Cette mer d'huile exaspère tout le monde. »

Une nuit, un appel du timonier te sort de tes pensées.

— N'est-ce pas troublant ? te demande-t-il discrètement en te montrant la boussole. L'aiguille indique l'ouest alors qu'elle devrait pointer le nord, là où brille l'étoile Polaire.

— Nous sommes dans une de ces régions où les marins hésitent à se fier à leur boussole, lui réponds-tu. Nous ne devons pas être loin de la fameuse mer des Sargasses. On raconte qu'à cet endroit, les boussoles dansent vers l'ouest lorsqu'elles veulent indiquer le nord !

Continue donc à te fier à l'étoile Polaire pour diriger ton navire, et laisse-le filer jusqu'en 13 .

29

Martin et Vincente finissent par se ranger à tes arguments. Ils acceptent de garder le cap vers l'ouest. Mais bientôt, ta boussole s'affole de nouveau.
– L'aiguille est défaillante. Frottez-la avec la pierre à aimanter, ordonnes-tu au maître d'équipage. On m'a toujours dit que j'avais l'art de naviguer en me fiant aux éléments – le vent, le soleil, les courants…–, mais je doute que nous atteignions les Indes sans une bonne boussole.
– Amiral, le ciel se fait noir… J'ai l'impression qu'une tempête s'annonce, te prévient le marin.
À peine a-t-il prononcé ces mots qu'un violent orage vous tombe dessus. En quelques minutes, la mer se soulève. La *Santa Maria* roule lourdement, et tu es violemment projeté à **bâbord**.

Courage, amiral… Rampe jusqu'en 10 *!*

réponse en 45

29. Bâbord, c'est :
A. le côté gauche d'un bateau quand on regarde devant.
B. le côté droit d'un bateau quand on regarde devant.
C. l'arrière d'un bateau.

30 Le roi de l'île est devenu un de tes invités préférés. Friand de mets espagnols, il déjeune souvent avec toi et Vincente Pinzon, et il ne cesse de t'assurer qu'il peut te fournir de l'or en grande quantité.

Chaque jour, des Indiens se lancent à la nage vers vos navires pour venir y échanger quelques éclats d'or contre de la pacotille, des grelots, des débris de vaisselle ou des fragments de verre.
— N'êtes-vous pas surpris, te demande un jour Vincente Pinzon, de ne pas voir ici des navires marchands ancrés par centaines dans les ports, comme le décrivait Marco Polo dans son *Livre des merveilles*?
— Nous éluciderons tout ça plus tard, lui rétorques-tu. Pour l'instant, il nous faut trouver les gisements d'or.

Si tu décides d'interroger un groupe d'Indiens montés à bord de ton navire, va en **16**.

Si tu préfères partir explorer les alentours de l'île avec ta flotte, va en **36**.

C'est bon à savoir!

Quand il meurt en 1506, après avoir fait 4 voyages dans le Nouveau Monde, Colomb ignore peut-être qu'il a exploré un **nouveau continent**.
En 1509, celui-ci prendra le nom d'Amérique en référence à l'explorateur Amerigo Vespucci.

31

Le village des Indiens est tout proche de la plage. Vous êtes accueillis par des hommes, des femmes et des enfants qui examinent avec stupéfaction vos barbes, mais aussi vos mains et vos visages blancs.

Suivant leurs indications, vous vous installez sur des nattes autour du feu : on vous sert une viande épicée et cuite à point. Un vrai régal ! À la fin de ce festin, vos hôtes entonnent un chant joyeux, accompagné de quelques danses. L'ambiance est chaleureuse…

Ta décision est prise. Tes hommes et toi allez rester ici quelque temps. Profitant de la douceur de vivre des lieux, vous vous refaites une santé. Plusieurs mois plus tard, c'est en pleine forme que tu rentres en Espagne où l'on t'accueille en héros !

Rien de plus normal : tu as quand même bravé l'inconnu en traversant la mer Océane ! Empoche 20 points, coche la case bleue en 47 *et rejoue sans tarder : l'appel du large est irrésistible…*

C'est bon à savoir !

Les Indiens dorment dans des *hamaca*, des filets de coton qu'ils accrochent entre deux arbres. Ce système de couchage séduit les marins, qui l'emportent en Europe et le nomment « **hamac** ».

32

Tu donnes l'ordre à tes hommes de vider le navire et de rapporter sur l'île tout ce qui peut être sauvé.

— Jamais je n'aurais pensé assister un jour à un tel désastre, soupires-tu.

Tu n'es pas le seul à être ému. À tes côtés, le roi de l'île pleure à chaudes larmes. Il t'entraîne vers le village. Ta cargaison est à présent bien au sec au fond d'une grande hutte couverte de palmes. Le roi t'invite à rejoindre son logis et à partager son repas en compagnie de quelques Indiens.

« N'est-ce pas une chance que la *Santa Maria* ait sombré ici ? songes-tu en contemplant la magnifique baie où seule est ancrée désormais la *Niña*. N'est-ce pas un signe de l'au-delà ? »

Si tu réunis tes hommes pour leur annoncer que tu as pris une grande décision, va en 20.

Si tu leur ordonnes d'aller se reposer pendant que tu restes avec les Indiens, va en 16.

33 Le marin vient te confirmer que la caravelle de Martin Pinzon est en difficulté.
— Cap sur la *Pinta* ! ordonnes-tu, irrité par ce contretemps.
Une demi-heure plus tard, la *Santa Maria* s'approche bord à bord du navire qui a du mal à avancer.
— Que se passe-t-il ? cries-tu au capitaine Pinzon. Pourquoi naviguez-vous en zigzag ?
— Notre gouvernail s'est rompu et la caravelle est impossible à diriger ! te répond-il.
Très contrarié, tu t'exclames :
— Cet incident nous a déjà trop ralentis ! Réglez cette affaire au plus vite !

Si tu décides de ne pas trop t'éloigner de la Pinta, va en **23**.
Si tu préfères continuer ta route et laisser Martin Pinzon te rejoindre plus tard, va en **18**.

C'est bon à savoir !

Mises au point par les Portugais, les **caravelles** sont conçues pour être maniables, se déplacer contre le vent et supporter les longues distances. Rapides, de petite taille, elles peuvent naviguer en faible profondeur et s'approcher des côtes.

34 — Il ne suffit pas de suivre un oiseau pour arriver aux Indes ! t'exclames-tu. Vincente Pinzon, corrigez cet homme qui ose mettre les connaissances de l'amiral de la mer Océane en doute. Je ne tolérerai plus aucun commentaire ! Puis tu te tournes vers le **timonier** de ton navire :
— Quant à vous, faites attention, nous dérivons vers le nord-ouest !

Si tu te mets à l'écart pour réfléchir, va en **28**.
Si tu restes près du timonier pour vérifier qu'il rectifie bien le cap, va en **15**.

34. Sur un bateau, le **timonier** :
  A. ordonne de hisser ou de baisser les voiles.
  B. chante à tue-tête pour indiquer la direction.
  C. tient la barre du gouvernail.

réponse en **45**

35 Rodrigo de Triana, qui estime toujours que tu as voulu lui voler la prime royale, a décidé que jamais tu ne mettrais les pieds au « pays de l'or ».
— Maintenant que Colomb a tracé la route océane sur ses cartes, nous pouvons nous débarrasser de lui, a-t-il confié au petit matin aux frères Pinzon. Notre cher amiral pourrait disparaître dans un stupide accident… De retour en Espagne, vous deviendrez riches et célèbres. Quant à moi, je ne vous demanderai que les dix mille **maravédis** qui me reviennent de droit…
C'est ainsi qu'en te tendant la main pour t'aider à monter dans le canot, Rodrigo t'assomme discrètement et te pousse à l'eau. Il fait mine d'essayer de te sauver puis te laisse couler à pic. Tu es englouti par les flots…

Malheur de malheur ! Dire que, malgré tous tes efforts et tes talents d'explorateur, honneurs et richesses vont revenir à des traîtres… Rejoue vite pour réparer cette injustice !

réponse en 45

35. Le **maravédis**, c'est :
    A. un foulard en soie des Indes.
    B. une monnaie espagnole du Moyen Âge.
    C. un grenat, pierre précieuse de Grenade, ville espagnole.

36

Pendant plusieurs jours, tu navigues près des côtes, sillonnes les fleuves, parcours l'intérieur des terres, sans trouver le moindre signe d'un gisement d'or. Le soir de Noël, après deux jours de mer sans sommeil, tu décides d'aller dormir. Le pilote, épuisé lui aussi, profite de cette nuit sans vagues ni vent pour confier la barre au mousse.

Quelques heures plus tard, tu es réveillé par un bruit sourd. L'eau s'engouffre dans ta cabine ! Tu sors sur le pont et comprends en un instant ce qui est arrivé : ta vaillante *Santa Maria*, laissée sans surveillance, vient de s'échouer sur un récif de corail.

— Maudit soit celui qui a laissé dériver mon navire ! hurles-tu.

Allez, amiral, ravale tes larmes et reprends courage en 32 *!*

37

Tu es impatient de repartir, mais en bon amiral, tu sais qu'une expédition lointaine ne doit son succès qu'à une parfaite préparation. Tu décides donc, pendant que Martin Pinzon fait réparer le gouvernail de sa *Pinta*, de changer les voiles de la *Niña*. Sur les quais, tu surveilles aussi les tonneaux de vivres et d'eau avant qu'ils ne s'engouffrent dans le « ventre » des bateaux.

Et le 8 septembre, à l'aube, après avoir séjourné plus d'un mois aux Canaries, tu donnes enfin l'ordre de lever l'ancre. Les trois navires, ravitaillés, quittent le port de La Gomera et se lancent vers l'immensité de la mer Océane.

Pars donc respirer la brise du grand large en **8**.

38

L'île est facile d'accès. Après vous être rapprochés du rivage, tu choisis un bon mouillage pour la *Santa Maria*.
– Voyez donc qui vient nous rendre visite ! t'exclames-tu en sautant du canot qui t'a conduit à terre. Le roi de l'île et sa cour…

Les Indiens se rassemblent autour de vous. Vous leur offrez quelques pacotilles en guise de présents. Le souverain porte deux énormes plaques d'or sur la tête et ses bras sont couverts de bracelets étincelants. D'un geste amical, il t'invite dans son village.

Si tu décides d'accepter la proposition du roi, va en **31**.

Si tu préfères, après ces premiers contacts, reprendre la mer pour continuer ton exploration, va en **42**.

C'est bon à savoir !

Croyant avoir atteint les Indes, Christophe Colomb nomme « **Indiens** » les hommes qu'il rencontre sur ces îles. Nous utilisons encore ce terme pour désigner les premiers habitants de l'Amérique.

39

Après quinze jours de navigation, la *Ninã* commence à montrer des signes de fatigue. Elle peine à maintenir l'allure, tandis que la *Pinta* file au loin, jusqu'à disparaître. Vous pénétrez enfin dans la mer des Sargasses.

— Nous sommes sur la bonne route ! te confirme le maître d'équipage avec admiration.

Mais le 12 février, à peine êtes-vous sortis de cette mer d'herbes, qu'une terrible bourrasque se lève. Des vagues gigantesques vous attaquent de plein fouet. Sans perdre un instant, tu écris quelques mots sur un parchemin que tu

enveloppes dans une toile cirée. Tu mets le tout au fond d'un tonneau, que tu jettes à la mer.
— Si nous périssons dans cette épouvantable tempête, quelqu'un trouvera peut-être cette missive… Il pourra apporter la nouvelle de notre découverte aux souverains d'Espagne.

Si tu retournes dans ta cabine pour récupérer ton journal, va en 25.

Si tu tiens à soutenir tes hommes en restant auprès d'eux, va en 21.

40

Hélas ! le lendemain matin, en sortant de ta cabine, tu comprends que ce 25 septembre ne sera pas le jour de votre arrivée aux Indes…

– La terre a disparu ! s'exclame Martin Pinzon qui, comme tout son équipage, fait grise mine.

Sa déception t'amuse.

« Pinzon enrage ! te dis-tu. Il a été berné comme un vulgaire moussaillon et a confondu quelques gros nuages avec les rivages de Cipangu ! »

Mais ce détour rallonge encore votre route. Tu reprends les commandes.

– Virez de bord : cap plein ouest ! ordonnes-tu.

Puis tu demandes à Martin Pinzon de te remettre ses cartes marines. Tu veux faire le point, les comparer aux tiennes et recompter les lieues parcourues. Selon tes estimations, le « pays de l'or » ne doit maintenant plus être très loin…

Peut-être le trouveras-tu en 14 ?

41

Le 11 octobre, comme tous les soirs, la *Pinta* et la *Niña* se rapprochent de ton navire. Tu t'apprêtes à prendre congé des deux capitaines pour la nuit lorsqu'un appel te parvient de la *Pinta*. Un marin, Rodrigo de Triana, vient d'apercevoir une lueur au loin.
— Terre en vue ! crie-t-il. Les dix mille maravédis sont pour moi ! — Cela fait plus de deux heures que j'ai signalé à un de mes hommes cette lumière qui ressemble à un feu, lances-tu, une main en porte-voix. Je voulais profiter de ma découverte pendant quelques instants avant de vous prévenir…
Un lourd silence te répond. Les hommes de bord pensent que tu mens pour empocher la prime royale à la place de Rodrigo…

Ne te laisse pas impressionner, amiral ! Prépare-toi plutôt à fouler la terre en 19 *!*

42

Le lendemain, les trois navires quittent San Salvador.
Sur le pont de la *Santa Maria*, tu t'approches des six Indiens que tu as embarqués comme interprètes et tu pointes du doigt le morceau d'or qu'ils portent accroché au nez.
— Conduisez-nous là où l'or abonde, leur ordonnes-tu.
Mais après avoir exploré plus d'une dizaine d'îles, tu réalises que vous faites fausse route.
— Que celui-là rejoigne mon bord ! s'exclame soudain Martin Pinzon en te désignant un jeune Indien. L'un de mes hommes s'est pris d'amitié pour lui. Peut-être réussira-t-il à lui faire dire où se trouvent ces fameux palais remplis d'or.
— Bonne idée ! Quittons ces terres où les rois vivent dans des huttes, presque nus, et continuons vers l'est.

On dirait que tu approches de contrées prometteuses ! File en **27**.

C'est bon à savoir !

Les Indiens ont été victimes de l'occupation de leurs terres par les Européens. Dès la fin du XVe siècle, ils ont disparu à Hispaniola (Haïti) et Cuba. Les conflits, les **maladies** (comme la variole et la rougeole), le travail forcé, la famine les ont anéantis.

43 — Terre ! crie le marin épouvanté. Là, toute proche, terre en vue, nous allons entrer en collision !
Tu le rejoins aussitôt à l'avant et rugis des ordres, mais les manœuvres ne parviennent pas à vous sauver. Tu as juste le temps d'apercevoir un énorme rocher au milieu du brouillard, avant que ton navire ne se fracasse contre lui. Tu viens de heurter par hasard une de ces minuscules îles que tu n'avais pas encore pu localiser avec précision. La *Santa Maria* fait naufrage. Tes hommes et toi disparaissez à tout jamais. Seules quelques planches de bois qui dérivent à l'horizon témoignent encore de votre aventure...

> *C'est terrible ! La mer Océane et ses dangers ont eu raison de toi ! Rassemble ton énergie et repars à l'assaut de l'Atlantique : un nouveau monde t'attend...*

Quel héros es-tu?

TU es le HÉROS!

44 Vrai ! Faux !

réponses en 46

Complète ton score ! Si tu as été futé(e), tu dois connaître la vérité !
Ne dit-on pas qu'elle est toujours… bonne à savoir ?

1. La banane est devenu le fruit préféré des rois européens à la suite du premier voyage de Christophe Colomb. .... *Vrai / Faux*

2. Les Indiens ont brûlé le fort de La Navidad à Hispaniola. ...... *Vrai / Faux*

3. Le premier voyage de Christophe Colomb a commencé un 3 août et s'est achevé un 15 mars. .... *Vrai / Faux*

4. À l'époque de Christophe Colomb, le cardan est un outil de marine très utile pour garder son cap. .... *Vrai / Faux*

5. Aujourd'hui, l'île d'Hispaniola découverte par Christophe Colomb s'appelle Tahiti. .... *Vrai / Faux*

6. Les caravelles ont été mises au point par les Portugais. .... *Vrai / Faux*

7. Les Indiens ont été anéantis, entre autres, par des maladies transmises par les Européens, comme la varicelle et la roséole. .... *Vrai / Faux*

8. Le loch sert à mesurer la vitesse d'un navire. .... *Vrai / Faux*

9. Le nom « Amérique » fait référence à l'explorateur Amerigo Gaspacho. .... *Vrai / Faux*

10. L'aiguille de la boussole indique toujours l'ouest. .... *Vrai / Faux*

45 Quiz ! Les bonnes réponses !

- **2** Réponse C
- **3** Réponse A
- **5** Réponse B
- **6** Réponse C
- **10** Réponse B
- **11** Réponse C
- **12** Réponse A
- **18** Réponse B
- **19** Réponse B
- **29** Réponse A
- **34** Réponse C
- **35** Réponse B

Pour chaque bonne réponse, coche une case verte (5 points) dans le tableau ci-contre.

46 Vrai ! Faux ! Les bonnes réponses !

- **1** Faux ! C'est l'ananas.
- **2** Vrai !
- **3** Vrai !
- **4** Faux ! C'est le quadrant.
- **5** Faux ! Elle s'appelle Haïti.
- **6** Vrai !
- **7** Faux ! Ce sont la variole et la rougeole.
- **8** Vrai !
- **9** Faux ! C'est Amerigo Vespucci.
- **10** Faux ! Elle indique le nord.

Pour chaque bonne réponse, coche une case orange (10 points) dans le tableau ci-contre.

47 Combien de points as-tu ?

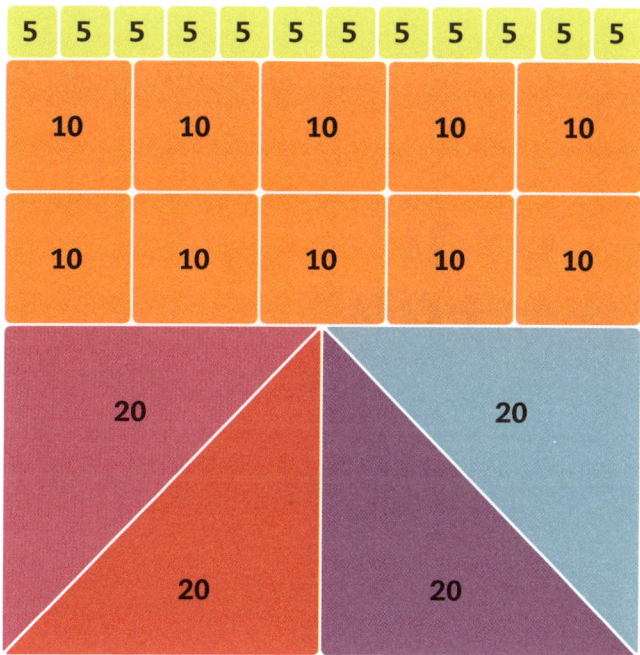

Additionne tous les points des cases cochées pour obtenir ton score puis va en 48 pour découvrir ton grade d'explorateur !

48 Quel explorateur es-tu ?

240 points

Tu as plus de 160 points ?

Explorateur légendaire
Savoir-faire, détermination, combativité, intuition hors pair, le tout combiné à un zeste de folie… Voici les qualités qui font de toi le plus grand explorateur de tous les temps : l'unique et l'historique Christophe Colomb !

Tu as entre 80 et 160 points ?

Explorateur aguerri
Doué d'une grande force morale, tu sais réagir face à l'imprévu et tu es toujours aux côtés de tes hommes pour combattre le danger. Mais ta soif de richesses a tendance à t'aveugler. Oublie le métal doré ! Tu feras les découvertes les plus inattendues…

Tu as moins de 80 points ?

Explorateur novice
En navigateur averti, tu sais diriger un bateau… mais tu n'es pas seul à bord, que diable ! Alors cesse d'imposer ta volonté contre vents et marées, motive tes marins, respecte les Indiens… et tu viendras à bout de ton grand projet !

0 point

Tu t'es bien battu(e), mais as-tu fait tous les bons choix ? Rejoue jusqu'à obtenir le meilleur score !

Tu es le HÉROS !